# 印象川沙

## 古镇老街 儿时记忆

夏毅◎主编

中国中福会出版社

# 序

夏毅先生主编的《印象川沙》一书终于定稿付印。我有幸参与该书的编撰，深为夏毅先生投入巨大精力出版此书的初衷感动，也为此书深邃的构思、精美的制作吸引，更为书稿展现出的川沙浩瀚历史画面而震撼。

《印象川沙》出书的成因也是机缘巧合，夏毅先生的父亲夏明德是川沙人，曾是市级示范高中川沙中学的资深数学教师、教导主任，并多年参与上海高考数学卷的命题工作。在潜心教学的同时，夏老先生对书法颇有研究，曾出版个人书法专辑。步入晚年，他对故乡川沙的历史人文尤为关注。离开川沙多年的夏毅先生，在偶然的一次家乡之行后受到很大的触动。之后父子俩谈及川沙生活的美好时光，感触颇深，希望可以找寻出一种方法记录下川沙的点滴，让更多的世人了解它，多方探寻后萌生了为家乡编撰一本画册的想法。

《印象川沙》的表现手法是非常独特的，它运用摄影、油画、素描、手绘等艺术特有的唯美、细腻、真实、可追溯的手段，选择历史与现实对比的穿越手法形成强烈的视觉冲击，将古镇川沙的过去与今天、历史与现实、风情与人文、古朴与时尚、城市与乡村巧妙地融合在几百幅作品之中，让本地人士抚今叹昔、回味无穷，使外府人士初识川沙、爱不释手，此书又从一个崭新的界面，补上了川沙历史文化记述收藏的缺憾。其贡献有目共睹，其价值不言而喻。

《印象川沙》所展示的主题是令人震撼的，它如同一幅历史长卷，将古镇川沙 1000 多年的成陆史、450 多年的筑域史、200 多年的建县史、100 多年的革命史、60 多年的辉煌建设史生动真实地展现在世人面前，让人驻足长思。它还如一位学贯古今的建筑设计大师，将上海古街镇中保存最完好的川沙明代古城墙、护城河，里程最悠长的明清老街巷北市街、中市街、南市街、西市街，保留最多元传承的宗教场所明城隍庙、关帝庙、天主教堂，最具海派特色的中西合璧的民国建筑陶氏精舍、丁家花园、以德堂、以道堂，最有传奇色彩的名人故居“内史第”向你完整叙说，令人称奇。它又如一位风雅睿智的长者，将川沙民间流传的名人轶事、坊间传闻、变迁演义等，向你娓娓道来，让人惊叹不已。

我曾经参与中国历史文化名镇川沙古镇的规划、设计、改造、建设、经营、管理，因此由衷感谢夏毅先生为古镇川沙的全情付出，感谢他为此书所确立的公益性目标，感谢众多无偿提供帮助的志愿人士。我为《印象川沙》喝彩。

**川沙历史文化名镇建设管理指挥部 首席顾问**
**原川沙新镇党委副书记 人大主席**

# 卷首语

促成我编写这本《印象川沙》缘于一次偶然的老家之行。记得当时来到川沙古镇的中市街口，被复原化改造的街道所震撼，中西合璧风格的街区重现了当年川沙古镇的风采，不禁勾起了我儿时的记忆。在这之后的一段时期里，即使工作再繁忙，只要时间允许，我就会情不自禁地往川沙跑，前后十多次把老街新城逛了个遍，并萌生为家乡出本画册的想法，以此寄托我的思乡之情，也希望在老川沙人中产生共鸣。

川沙古镇原是川沙县城所在地，尽管现在距离上海市区只有一小时车程，但搬离老家后的四十多年里很少回去。回首高中毕业前，全家一直生活在老镇，这里有我朝夕相处的邻里街坊、同学和玩伴，从情感上来说，少年时代的川沙生活留给我太多太多无法忘却的记忆！

作为川沙人，我一直以此为荣，且这种情感随时光流逝愈发浓烈。现今的川沙古镇经历了四十年的变迁，很多建筑已难觅踪影。因此心中萌生一个念想——希望可以还原古城当年的面貌，还原川沙的全貌，这里不仅有悠久的历史古迹，更有浓厚悠久的文化传承。在我的职业生涯中，除了教育事业，随着年龄增长，社会责任意识愈发强烈，觉得应该为这个社会贡献自己的一份力量，为自己挚爱的家乡摇旗呐喊，为川沙历史文脉的传承尽一份微薄之力。

所幸，这个想法得到了诸多川沙友人的支持，特别是上海浦东新区有关部门和川沙新镇当地政府领导的支持和肯定。回想这段经历，包括采访、采风等前期准备，最后定位于从历史的视野、人文的角度、建筑的风格等方面，用图文并茂的形式展现古镇的前世今生，当然，最重要的是展望川沙美好的未来。借此配合古镇目前正在实施的老镇复原规划，此书在向世人推荐古镇方面或许有所裨益。

全书编写，从策划到构思，从素材收集到结构设计，凭一己之力是难以完成的。在此对我儿时的同学、朋友们的辛苦付出特表深深的谢意，对全程提供协助的陆雄同志表示敬意！他们的无私奉献，以及令人动容的热情、参与精神始终推动着我，尤其在我遇到种种困难时又时刻鼓励着我，最终圆了我的这个夙愿。

夏毅

2015 年 · 秋

## 我们一起走过的

# 流金岁月

### 申超英　人民教师

儿时的中市街记忆犹新，那里有人民饭店，每天早起拿了热水瓶去买豆浆的欢乐情景至今难忘。放学后，无论是约上好友陶燕芬、刘爱芳，还是和班里的同学在家门口跳橡皮筋、造房子，或是和小乐队的同学们拿上乐器，一起演奏，或是和一群同学去家门口百货批发部玩，经常被店员赶出来……所有的画面仿佛就在昨天。对比曾经的交通，现在的川沙出行很方便，交通四通八达，一条地铁带来太多便利。回忆年轻时在杨浦区的读书经历，单程就要换乘三趟公交车，还要在庆宁寺摆渡，来回一次就是累！祖国的发展日新月异，也为我挚爱的川沙带来了新的气象。

### 张建丽　现居澳大利亚墨尔本

记得小时候我最喜欢去南市街的书场，因为那里有我们的文艺小分队，我们在那里学习舞蹈、乐器，还有杂技，我们文艺小分队中间就有后来成为著名舞蹈家的周洁。最幸福的时刻当数小分队送戏下乡，我们走工厂访部队，那真是属于我们的“激情燃烧的岁月”。当时通过层层选拔，脱颖而出的同学们可以免费学习舞蹈、乐器，没想到多年以后儿时学的现在都还能用得上。定居澳大利亚后，参加了在墨尔本的华姿艺术团，还在教会的舞蹈团担任老师。这些幸福让我时时回味，感恩无数。每次游览都可以唤起童年时最快乐的记忆。

### 赵忠敏　教育世家

那个艰苦的年代，我们虽没什么高级的玩具，却享受着大自然的野趣。孩提时代的我们几乎人人都会爬树，夏日里爬上高高的杨柳树逮上几只天牛，带回家后在其脖颈处拴上一根细线，后面挂上橡皮、削笔刀之类的小文具，让天牛在桌上爬来爬去，十分好玩。川沙一带素有“每天芦黍一根，热疖不会上身”“芦黍堆屋前，郎中不进门”之说，夏日里一根甜芦黍，食之清甜甘洌，可粗心的我们一不小心就会被芦黍皮割破嘴唇，对这样的美味真是又爱又恨。入夜后，位于北市街和新川路交会口的大会堂会放露天电影，电影票价格为1角5分。要是遇到美术片可就乐坏我们这群孩子，只不过正片放映前还会插放“新闻简报”“祖国新貌”等，常常引来同学们更加焦灼的等待。

## 徐光　浦东新区特检所主任工程师

时光如白驹过隙，回首过往，孩童时的点点滴滴历历在目：攀爬观澜小学旁边的古城墙，偷渡去南门桃园里摘桃子吃，扛着大木桶去护城河游泳，在家门口大松树下和小伙伴们走四国大战、废寝忘食、斗得昏天黑地你死我活，打一架才肯罢休……属于男孩子的夏天永远充满着活力。一到过节，家里会开油锅炸五花肉、肉皮，做成两道菜：红烧走油肉和肉皮三鲜汤。入冬时做上一大缸酒酿，用它制作酒酿圆子汤、酒酿年糕汤、糟鸡鸭鱼肉，这些都是属于童年最美好的味道，是无论身处何方都难以忘怀的家的味道。

## 孙光华　公司行政主管

记得小学时我们班有十几位同学同住第一机关宿舍，每天放学后书包一放便在大马路上一叫，同学们马上集合。男同学们在一起变着花样玩各种游戏（打弹珠、滚铁圈、斗鸡等），一直要到天快黑赶着父母下班前回家，不然后果不说大家也都知道。到放暑假时那就更不用说了，从早上一直要玩到晚上都不回家，整个人晒得通黑发亮。有一次我们几个人爬墙到人家单位去摘树上的果子，被大人抓住了，他们一看就知道这是谁家的儿子，免不了回家被父母训一顿。每当期末考试后是最安静的日子，大家都不希望有同学出现在自己家门口，因为父母亲肯定要打听考试成绩，像我这样经常要挂红灯的人是最心虚的。

## 邱亚琪　公司职员

小时候最喜欢和同学们在街市里嬉戏打闹，中市街、西市街、北市街、南市街……每一条街道都极具特色，铺设在街面上的石头，经过岁月的磨砺，被磨得分外光亮，这兴许就是历史的痕迹。当年，我们这群男孩子们最爱的当数蒸汽小火车和小火车南面的部队养马场。一下课，先去看马，然后再趴在轨道上听火车声，接着再去川沙碉堡捉迷藏，怎么玩都不会腻，这种质朴的快乐，是现在的孩子们无法体会的。

## 沈建川　公司职员

我小学就读的学校，当时叫“城厢小学”，现在恢复原来的名字叫“观澜小学”，要知道，这可是一所历史相当久远的学校。课间休息时我们经常会爬到城墙上玩耍，那时候谁也不会想到我们天天是在有着悠久历史的明代遗址上摸爬滚打，想来也是一种无法用金钱买来的“奢侈”享受了。现在再去看看那片城墙遗址，比我记忆中的缩小了一半，实在太可惜。所幸城墙台阶、石碑等保存完好，每次游览都可以唤起童年时最快乐的记忆。

# 古今穿越看川沙

说起上海，我们都会冠以精致、摩登、中西文化交融等词语，
虽然一跃成为“东方巴黎”不过百多年历史，但细品上海的历史发展，
你会发现历史悠久的川沙犹如上海发展史的缩影，
它的历史最早可以追溯到唐宋年间，
岁月更迭成为撑起这片繁华的坚实基础。
川沙正以自己独特的魅力展现不一样的精彩。

## 川沙——岁月长河中的璀璨明珠

川沙，地处长江三角洲的东缘，虽说是滨海弹丸之地，但坐拥长江、屏依上海，雄川丽水，地沃产丰，有着独特的地理优势和发展条件。川沙属江海冲积平原，长期以来在江流和海潮的相互作用下，由积聚的沙洲逐渐连片成陆。公元 8 世纪（唐代）时早有聚落。老护塘以西为早海滨平原，北宋时成陆。老护塘以东系中海滨平原，宋元时一片斥卤直走东南，为华亭“下砂盐场”。早期先民们在海边筑起捍海塘，塘内熬波晒盐，塘外水路运输，盐业十分兴盛。

川沙县名源于川沙洼，明代中叶，江浙沿海地区不断遭受倭寇侵犯掠夺。

川沙洼水深丈余，在汛期，倭寇船只可结队在此直抵护塘。为防倭寇，时人在川沙洼以西的八团镇（川沙古镇，又称城厢镇）筑堡。嘉靖三十六年（1557年）明政府根据川沙抗倭名将乔镗、王谭的提议，在川沙堡筑川沙堡城。“城成，而倭舶东西海中者，不敢复措意”，川沙堡城由此而来。清嘉庆十五年（1810年）设川沙抚民厅，辛亥革命后改为川沙县。

据史料记载，先民们早在五代时就开始在此聚灶煮盐，兼事农耕渔牧。明代中后期，因淡水南移，盐业衰落，灶民开始归农，先以植棉为主，近代后才逐步以棉粮油料为主要作物。除种植外，还从事饲养、捕捞等家庭副业。在经营农、牧、副、渔的同时，工业也逐渐萌芽，先是纺纱、织布、刺绣等家庭手工业和榨油、酿酒等农产品加工业。清末民初，在上海大城市的影响下，近代棉纺织业在川沙率先兴起。首创的有光绪二十六年（1900年）的城厢经记毛巾厂，二十七年的杨思桥恒记轧花厂，民国二年（1913年）的高东楼下裕民织布厂，民国九年（1920年）的杨思桥恒大纱厂等，特别是毛巾、花边业盛极一时。

自清代至今，川沙不但开创了我国的轻纺手工业先河，还在建筑营造业上取得了骄人的成绩，独领浦东风骚，成为上海工商繁荣名镇。商业繁荣的背后则是川沙对教育的重视，也因此孕育出了影响中国近代史的多位文化名人，其中既有中国革命的先行者孙中山先生的夫人宋庆龄，又有著名教育家黄炎培，更有伟大的马克思主义者、无产阶级革命家张闻天……这些在中国近代史上举足轻重的人物无疑是川沙的荣耀和骄傲，最珍贵的财富。

近年来，随着浦东国际机场、磁悬浮列车、地铁等重大项目的竣工，构筑出川沙更为宏伟的立体交通网，这是川沙紧跟时代步伐的见证。举世瞩目的迪士尼项目即将开幕笑迎四方宾客，川沙也夜以继日地加快建设步伐，一处处的古迹得以修缮，让更多世人走进“中国历史文化名镇”川沙，了解川沙。

曾经有人概括川沙：450年的筑城史、200年的建县史、100年的革命史、60年的发展史。的确，放眼这片神奇的热土，既古老又年轻，时而像一位跨越时代的老人，为我们娓娓讲述曾经的繁华；时而又像一名朝气勃发的青年，用行动创造今天的辉煌。

# 目录 contents

# 古韵古迹

## Impressions of Chuansha

川沙古镇厚重而迷人的风情需要你慢慢体会。
在这里，可以感受到寂静古宅的浮华往昔，
可以倾听精美窗格述说曾经的动人故事。
沿着被岁月不断打磨、投射出耀眼光芒的街道，
仿佛时间一瞬间就停滞了。

一座古桥、一池护城河

那便是当年古镇人民的生活写照

民国十五年川沙区域图

初访古镇，最舒心的莫过于护城河边悠闲漫步，河边绿树与孩童相映成趣，花上一整天享受这片日升月落也不会倦怠。最美好的时光无非“春有桃花，夏有蝉鸣，秋有落叶，冬有初雪”，这番惬意和浪漫恐怕只有生活在此的人们最能体会。

没有比在一座古迹遍布的城镇漫步更简单愉悦了。这里至今还保存着完整的“口字形”护城河；始建于明代的古城墙部分得以保留，依然屹立；以北市街、南市街、西市街与中市街构成的“十字骨架”，风采依旧。据统计，目前留存完好的区域是北市街东侧、中市街两侧以及东门街两侧地段，区域面积约 19.9 公顷。被市政府批准为上海市历史风貌保护区。传统建筑与河网水系相交织的格局，组成了江南水乡特有的韵味和风貌。

信步古镇，不禁感叹它虽历经岁月沧桑，但因时光的历练而愈发光彩。街巷纵横交错，丰富的建筑元素中既有古典的，又有西式的，它们互相映衬、交相辉映，仿佛一首和谐的奏鸣曲，撩动着每一位探访者的心扉。

1557年川沙筑城，同时开挖城壕（即护城河），围成一圈，总长2500米。护城河分为四个部分：东城河、西城河、南城河和北城河。河道宽阔平整，两岸有依驳岸而建且体现传统特点的历史民居建筑，也有景观优美的葱郁植被。该河道是古城风貌的重要元素。

川沙古城墙，位于新川路 171 号观澜小学东侧，始建于明代，现尚存东南一角，上有魁星阁、岳碑亭、笔塔等建筑，是古代劳动人民勤劳、勇敢、智慧的结晶。现已辟为川沙古城墙公园。

明嘉靖年间，倭寇猖獗，当时的川沙人民深受其害。嘉靖三十六年（1557 年）明政府根据川沙抗倭名将乔镗、王谭的提议，在川沙堡筑川沙堡城。据史料记载，城墙周长四里，高二丈八尺，址阔三丈，城头雉堞三百七十二垛，炮台十二座。凭借此城墙，川沙人民成功地击退了倭寇的多次侵袭，城墙见证了中华民族不屈不挠抵御外侮的勇气。

古城墙尚留 60 余米，占地约 2000 平方米。城墙上屹立的飞檐翘角的三层楼阁便是魁星阁，乃文昌宫旧物，上海地区仅存两座，另一处在南市文庙。魁星，就是中国古代神话二十八星宿中的奎宿，“主文章”。据说，魁星神像头部像鬼，一脚向后翘起，如“魁”字的大弯钩，一手捧斗，如“魁”字中间的“斗”字，一手执笔，可点定中试人的姓名。

与魁星阁遥遥相望的是岳碑亭（区级文物），亭中竖着一块高 165 厘米、宽 82 厘米的石碑，上面拓刻着岳飞手书的一首七绝。其书法笔力雄浑、挺拔超脱，与诗文内容相称，流露出一股英风正气。邑人蔡经纬作诗云：“岳碑亭久历沧桑，片石长留翰墨香。民族英雄忠义气，龙蛇笔势共舞光。”

鹤鸣楼位于川沙公园内，楼有五面七层，高 54 米，总面积 4200 平方米。上用琉璃盖顶，下砌玉石平台，画栋回廊，连 80 立柱，飞檐翘角，系 60 金钟。楼题鹤鸣，蕴意有三：一是楼仿于武汉黄鹤楼，唐诗人崔颢诗云："昔人已乘黄鹤去，白云千载空悠悠"；二是浦东滨海一带，古代产盐，地名下沙盐场，又多沼泽，产鹤，地名又称鹤沙。宋代科学家沈括称此地所产鹤为下沙鹤。浦东尚有鹤坡里、鹤窝村古地名；三是《诗经》有"鹤鸣于九皋，声闻于天"。鹤鸣楼之建，寓纪念中共早期领导人、川沙人张闻天之意，同时表达了川沙人民美好的生活愿景。

雙誼橋

护城河上矗立着 13 座石拱桥，依稀可见旧时水陆交通发达、市镇繁荣的景象。

香稻

自明代开始，川沙一直遭到倭寇的侵扰，而川沙儿女在筑堡城抗击外来入侵的战役中上演了无数可歌可泣的英雄赞歌。后人为纪念这段历史建起了牌楼，以永远称颂这种大无畏的精神。

作为文化名镇，古镇的闲情逸致处处可见。这里远离大都市的喧嚣，有的是江南水乡的古韵风情，古老的街道慢慢延伸开，一座座石桥便是它们互相之间的连接。与时间对话，惊喜或许就在下一个转角。

川沙古镇建筑群可谓是清末至民国时期江南传统住宅的百科全书，受到当时特殊历史环境的影响，既要保留传统，又受西方文化的熏陶，孕育出中西合璧的新建筑风格。目前川沙有 10 处文物保护单位，38 处历史保留建筑和成片的一般历史建筑。

曹氏民宅，位于川沙新镇牌楼村 4 队曹家宅 51-72 号，边门外的小半门称作摇台，极具当地民居特色。

昔日繁荣的商贸往来带动了整座堡城的经济发展，一座座具有江南水乡风格且融合进更多西洋风格的民居见证了当年的辉煌。依水而建的陆氏家宅融合了民国时期典型的建筑风格，精巧却不失气势，散发出复古韵味。

陶氏精舍，位于操场街48号，建筑面积1200平方米。整栋建筑砖木混合结构，分主楼副楼。主建筑上下两层共有房18间，副楼有房6间。建筑风格中西合璧，院落四周走廊，旁立西式圆柱。屋顶小瓦，砌青砖墙，水泥嵌缝，地面铺设马赛克，融合中西建筑特色，为近代著名建筑师陶桂松所设计。2002年1月14日浦东新区政府将其列为区级文物保护单位。

陶家宅依旧是阔气的江南建筑，亭台楼阁无一不透射出精致醉人的风情，想到《游园惊梦》中说的“不到园林，怎知春色如许？”，或许只有来过的人才能深深体会其中的意境。

人民大会堂是当时全镇标志性建筑，县里的所有重大活动都在此举行。无论放映电影、文艺汇演，还是表彰大会，这里便是全镇关注的焦点。它还是当时农村里小队、大队、公社等“三级干部”年度会议召开地点，一开就是三天！虽说人民大会堂的作用已经慢慢褪去，但抹不去的是一代代川沙人永远的记忆。

在此居住过的人们，最深刻的印象莫过于推开窗户便可以看到高耸的水塔，很长时间里它一直作为川沙县城地标性建筑，受到孩子们的强烈关注。虽然现今水塔已被拆除，但记忆中的模样始终还在。

作为当时古镇最高的建筑物，水塔似乎成为一种象征。据说站在水塔最高处可以眺望到浦西，或许这便是川沙人曾经对浦江对岸的一种念想。

曾经的许多老宅随着川沙的建设开发已被拆除，由于条件限制，没有更多影像资料得以留存。幸得插画家孙建忠的帮助，动笔复原了曾经的家，看到这幅作品，想必不少老川沙人都会由衷地感动，魂牵梦萦的家又唤起对童年记忆无数。

川沙老宅的时光仿佛从未逝去，斗转星移之间，经历了一代又一代人，依然不变的是粉墙黛瓦下口耳相传的生活经。

川沙古镇的主要轴线呈“十”字分布，老街与小巷弄别具风格。尤其城东侧的大部分历史街巷保存了完好的传统风貌和人性化尺度，阡陌纵横的街巷体现出古城浓郁的历史文化氛围。两侧集中分布着传统沿街商铺及民居，是体现古镇风貌的重要元素。

夜幕初上，走在古镇街道上，忽而有一种重回明清的感觉，人们依照数百年来流传下来的习惯和节奏，不紧不慢地过着悠闲的生活。透过半掩的大门，若隐若显地勾勒出原住民的生活场景，似乎无数个有趣的故事等待着你的挖掘。

下载

川沙自古为商业大镇，主要有米行、布庄、南货、药铺、茶馆、油坊、典当等近 30 个行业，分布在东门外街、护塘街、中市街、牌楼桥、乔家弄、南市街及北市街、王家桥和西门。其中中市街、乔家弄为当时的商业中心，店铺云集，人流如织，一片兴旺繁荣。

时至今日，川沙古镇依旧保留了不少旧式的店铺，虽然销售的商品是当下最具人气最流行的，但店铺陈设依旧保持了几十年前的模样，不禁令人心生感慨，依稀间仿佛昨日重现。

风貌保护区历史街巷：
中市街（约长 260 米）
南市街（约长 137 米）
乔家弄（75 米）
东城壕路（380 米）
乔港路（260 米）
场署街（200 米）
东门街（500 米）

中市街的中西合璧堪称一绝，一边是清末民初的中式房屋，一边是有西式元素的民房，这种组合模式的街道也许全中国都找不到第二条。无从考证当初建造者的构思，但每一位到访者想必都会被这种大胆创意所折服。

中市街东起东城壕路，西至北市街，因位于城区中部而得名，全长 300 多米，店铺林立。川沙的许多名人都与这条街结下了不解之缘。胡适的先祖是徽商，于清乾隆年间在中市街开设了“胡万和茶庄”，作为直营总店进行茶叶买卖，其余“胡万和茶庄”分号以加盟形式合作，规模之大，名噪一时。民间素有“先有胡万和，后有川沙县”的说法。

古镇漫步，随意拐进一条小弄堂，就会发现另一番安静的美好。很多到访者会感叹时间在这里是静止的，旧时的美好时光在此处被印刻了下来，如若寻觅蛛丝马迹，兴许就会有大大的收获。

镇上的百货商店在上一代人心目中的地位不亚于现在的 iapm、国金中心，无论是生活用品还是服装鞋帽，这里提供最全面的货物，当时镇上的时髦阿姨们都是这里的常客。

据生活在川沙几十年的老人回忆，曾经的古镇河道遍布，商贩们划着小船驶入河道兜售商品，而主妇们看中需要的日常用品后放下装着钱的吊篮，小贩们再把货物放进篮子里，楼上的顾客只要收起吊篮便可。这种足不出户的购物体验，现今是无法感受的，但“东方威尼斯”的风情却深深印进川沙人的心中。

# 古镇风情

# Impressions of Chuansha

把往事记忆深锁在抽屉里，随着岁月的堆垒而尘封。
某日不经意地打开一个抽屉，如同隔世般的旧事便猛然回魂，
又有了温度、呼吸和生命，过去与现在又接续上了。

古镇风雅兼具江南水乡的
轻柔和闲趣

北门吊桥
部队住房
绿地
北城壕路
部队食堂
部队操场
机关宿舍
煤炭公司
工业局
财政局
税务局
水产局
车站支路
三多桥路
太平桥
九如桥
五府庙
天后宫
三官堂
关帝庙
川中后院
城隍庙
城镇医院
供销社南店
消防队
公检法大院
（至元堂）
市建组
西市街
六安桥
邮电局
部队住宅
文庙路
川中后门
孔庙
川沙中学
城镇供销社
房管所
城镇公社
国泰木厂
川沙剧场
房管所仓库
环卫所
公社办公处
城镇广播站
豆腐加工场
场署街
红卫小学
财神庙
图书馆
文化馆
中市街
四楼桥
水关桥
新华书店
百货商店
钟表店
计量所
农行
五金商店
西药店
中药店
家具店
乔家浜路
小河浜
机关招待所
粮食场仓库
档案馆
县政府
卫生局
人民大会堂
东岳庙
新川路
川沙中学操场
市建新村
绿地
自来水厂
机关招待所食堂
篮球场
粮食局仓库
少年宫
中山堂
少年宫广场
机关宿舍
卫安桥
接升桥
正阳桥
集贤桥
文化体育教育局
建设局食堂
观音堂
丁家大院
新四军历史研究会址
百货公司
书场
电影公司
黄炎培故居内史第
看守所
学校弄
城厢镇小学
观澜书院
文昌宫
古城墙
魁星阁
南门大桥
护城河

川沙老城图

法治文化长廊

都说上海是最具活力的摩登都市，那么一座有着 400 多年历史的古镇，足以让生活在繁华都市的人们实实在在地羡慕一把了。

川沙，江海文化的重要发源地，随着历史的积淀，在非物质文化层面，川沙人民将淳朴的生活抽象表达，展现了非凡的“海派”文化底蕴。就拿上海人引以为傲的沪剧来说，川沙便是沪剧东乡调的发源地。浦西地区盛行的西乡调绵软、甜糯，而用浦东方言演唱的东乡调更为浓郁、醇厚，使人越听越入味。著名的沪剧表演艺术家、国家一级演员茅善玉便是土生土长的川沙人，她的表演清新自然，富有灵气，唱腔圆润甜美，情深味浓。提起她和沪剧，相信不少上海人都能随口哼唱几句。曾经有一位老前辈说过：“留住上海的语言，就是留住了上海的记忆和历史。”起源于上海本地滩簧的沪剧足以代表上海语言的魅力，因为沪剧见证了上海的成长，是文化脉络中密不可分的部分。这块海派艺术瑰宝如同镶嵌在皇冠上熠熠生辉的宝石，令川沙的文化更为耀眼。

川沙人民的文化娱乐生活丰富多彩，特别是戏曲表演尤其受到能歌善舞的川沙人民的喜爱。作为江南丝竹的重要流传地，清雅的丝竹声早已融入川沙的大街小巷，走进寻常人家。

川沙民间自古就有学习书画、陶冶性情的传统，孩童们从小耳濡目染，纷纷加入学习的队伍，这无疑是川沙最亮丽的一道文化风景。

说起文化传承，川沙人尤为自豪，丰富多彩的闲暇生活最能陶冶情操。其中，最有名的当属书法，各种书法交流活动深入生活，为书法艺术的普及和提升打下结实的基础。另外绘画、收藏、阅读等文化形式在当地也备受推崇，既培养更广阔深远的个人修养，又是对我国传统文化的学习与传承，在学习中获得内心平和，培养耐心细致持之以恒的品格

捕捉川沙人民生活中最美好的瞬间，拿起相机的摄影师们往往按下快门就再也停不住，这里有太多的美好画面等待记录。

四季变转的动人景致，是川沙古镇不停变换的新颜，当太多人感慨时光匆匆，无心恋景时，却仍有一群人坐望云卷云舒，享受着时间带来的乐趣。一座古色古香，仿佛江南园林缩影的公园，吸引着无数川沙人，晨晚间是他们最愉快的时刻：或者放声高歌，或者翩翩起舞，或是几名稚童嬉戏打闹……这才是生活最本真的美好。

部队大院总是既神秘又威严，对解放军与生俱来的崇拜感可以说是一代中国人共有的情怀。大院里有一个广场，放映电影时中间一块长方形空地是留给解放军的，老百姓自动在外围或者幕布背面观看。每当大院里拉起银幕放映露天电影时，调皮的孩子们总是搬着小板凳坐在银幕背面一起观看，虽然画面是反的，可大家依然看得津津有味。这份共同的记忆伴随着孩子们的成长，至今难以忘却。

喝茶、听书可是老年人的时髦享受，沏上一壶香茗，慢悠悠地度过一天的好时光。

要知道工农饭店曾经是当地最好的饭店，一般人只能路过时看一眼，至于进去吃一顿，那可是想都不敢想的奢望。如今饭店依旧，里面的摆设装修都保持着当年的模样，可进去吃饭已是稀松平常之事，令人感慨经济发展为生活带来无数美好的改变。

修补鞋子这样的小买卖看着不起眼，却也着实方便了生活。家门口摆上一台缝纫机，便可以为邻里量体裁衣，缝缝补补。

中市街的繁华延续至今，林立的商铺仍然保留了当年的外观，漫步其中总有一种回到过去的感觉。最值得庆幸的是当年诸如织补、修鞋的小营生得以延续，成为当下街道的一景，成为日常生活中不可或缺的一部分。怀念儿时的街道，也许就是怀念这种特有的人情味吧。

循着香味一路走来，老街的各色美食实在诱人，最受欢迎的莫过于大肉粽。新鲜翠绿的粽叶，包裹进软糯适中的糯米，再加上一大块香气扑鼻的酱油肉，记得可要趁热吃。悄悄告诉你美味的秘诀，一定要选肥瘦适中的五花肉，只有当油脂蒸得几乎化开浸润进糯米，才是上佳的口感呢。

一年一度的庙会最是热闹，全镇的人都会涌进庙会，无论吃的用的应有尽有，很多平时商店里不常见的物品这里都可以寻觅到。现今虽说网购普及，但购物的体验绝对无法与赶庙会的热闹劲相提并论，这些有趣的回忆成为一代人的共同记忆被记载进历史。

当年送医下田头，为田间劳作的农民及时看病治疗受到广大农民群众的欢迎。川沙县中医医院在民众心中有着非常重要的地位，传统医学在这里得到发扬光大。

昔日喧闹繁华的老街，曾一度寂寥下来。再次焕发生命光彩的今天，我们欣喜地看到了当年的景象：炎热的夏夜，搬张躺椅便是全家人的纳凉时间，邻里们摇着蒲扇话话家常，孩子们永远不知疲倦地追逐打闹。

# 名人名士

Impressions of Chuansha

都说一方水土养一方人，川沙人杰地灵，文化根基深厚。
这里孕育出众多领袖名士，甚至对近代中国的政治、文化影响深远。
其中有中国革命先行者孙中山先生的夫人、中华人民共和国名誉主席宋庆龄，
中国共产党早期领导人张闻天，著名教育家、近代职业教育创始人黄炎培，
著名学者、文人胡适，现代音乐教育家黄自，著名会计学家黄祖方，营造家杨斯盛等。
明代至今，据统计川沙共培养出各行各界的名人达 100 多位。

川沙如同一位温柔可爱的母亲

细心呵护着襁褓里的幼儿

“内史第”原称沈家大院，为当地名门望族沈氏一族所建。清咸丰九年（1859年）沈家后人沈树镛中举，官至内阁中书，沈家大院遂更名“内史第”。

“内史第”坐落于上海市浦东新区川沙新镇新川路 218 号，坐北朝南， 三进院落，典型江南官宦宅第构造。东接兰芬堂（今城东住宅区）、西沿南市街、南临王前街、北邻鸿园（今川沙书场）。

“内史第”西南角沿街房为浦东新区文物保护单位“宋氏家族居住纪念地”。建造者沈树镛是一位金石学家和大收藏家，“内史第”中曾经藏有汉碑、六朝造像、唐石、宋石等众多文物精品。

俞平伯之父俞樾老先生曾感叹“内史第”为“文物古迹，富甲东南”；黄炎培也曾感叹“浦东文化在川沙，川沙文化在‘内史第’”。

“内史第”占地共1500平方米，原是三进两庭院两厢式二层砖木结构建筑。其宅院的建筑风格，保留了清代传统结构，雕刻装饰尤为突出。门框图案与门槛两边的石雕装饰尤为精彩，黑漆钢环的大门上面是由条石砌成的门框，门框上面雕刻着历代戏文中的人物和各类花鸟图案，精雕细刻精美无比。精致的雕花仪门，飞檐翘角，正面有象征晚清建筑风格的“凤戏牡丹”“状元游街”等砖雕图案，中间镶有“华堂映日”四字，仪门背后有“凤戏牡丹”图、下有“德厚春秋”四字。门楼两旁为“状元游京城”“状元献宝”砖雕图案。随处可见的木雕，尤其在“立本堂”的长窗、柱梁上得到广泛运用，正梁和壁梁上面镶着紫铜制作的各种精致图案，表面鎏金，梁的两旁的枕檐都刻有图案。

说来也是非常神奇，这座古宅还是国内罕见的名人集聚地。“内史第”南厢房为宋庆龄以及宋美龄、宋子文等宋氏家族成员早年的居住地，东厢房为黄炎培次子、民主战士黄竞武烈士，堂侄、著名音乐家黄自及其弟会计学家黄祖方的诞生地。内宅楼东首则是现在的黄炎培故居。全国政协常委黄大能、著名学者胡适等近现代名人也曾在此居住。

## 宋庆龄（1893 — 1981）

伟大的爱国主义、民主主义、国际主义和共产主义战士，举世闻名的伟大女性。她青年时代追随孙中山，献身革命，在近 70 年的革命生涯中，坚强不屈，矢志不移地和中国人民、中国共产党站在一起，为中国人民的解放事业做出了不可磨灭的贡献。

关于宋庆龄的出生地一直争议不断，有一种说法是生于虹口。根据 19 世纪末 20 世纪初宋氏家族在上海的活动记载和川沙老人的回忆，宋庆龄人生的前十年时间，是在川沙的外婆家度过的。

宋庆龄是一位伟大的女性，她具有博大的胸怀和真诚的爱心，一生致力于妇女儿童的福利事业。她坚定不移地支持革命事业，为全中国的儿童献出了最无私博大的母爱。

1893年1月27日，宋庆龄诞生在上海一个牧师兼实业家的家庭。她的父亲作为孙中山的朋友和同志，是她的第一个启蒙老师。少年时代，她即负笈异域，在美国接受了“欧洲式的教育”，受到民主主义的洗礼。辛亥革命推翻了清朝专制统治，使她对祖国的独立、自由、民主和富强满怀憧憬。父亲源源寄来的书信与剪报资料，为她与孙中山领导的革命事业架起了桥梁。然而，宋庆龄学成归国发现，革命的大潮已经消退，改革和建设祖国的抱负无由施展。她径直到流亡的革命党人聚集的东京，不久即担任了孙中山的助手。共同的目标，最终使宋庆龄与孙中山走到了一起，以坚定的步伐毫不犹豫地踏上捍卫共和制度的艰苦斗争历程，开始了她长达70年的革命生涯。

## 张闻天（1900 — 1976）

杰出的无产阶级革命家和理论家、忠诚的马克思主义者、中国共产党早期重要领导人之一，原名应皋（也作荫皋），字闻天，取《诗经》中“鹤鸣于九皋，声闻于天”之意。

1900 年出生在原川沙县邓三村一户殷实农户家庭。田园生活的滋养，传统文化的熏陶，现代思潮的感染以及时代风云的变幻，在他成长的过程中发挥着潜移默化的影响。17 岁那年张闻天考入河海工程专门学校，他不仅开始形成注重实证的科学理性精神，而且读到了《新青年》杂志，接受了现代民主思想的启蒙，开始了“自我的觉醒”。五四运动爆发，他积极投身于反帝爱国斗争，借助《南京学生联合会日刊》这个阵地，宣传民主主义、社会主义新思潮，成为了河海工程专门学校乃至南京学界最为活跃的学生领袖之一。五四过后，在改造社会这一信念的牵引下，张闻天进行着各种主义、思潮的比较鉴别以及人生道路的探索选择。

张闻天在人生几十年的风雨历程中，与中华民族同呼吸、共命运，把历史挑在双肩，把自己融入历史，在长期的革命和建设岁月中为祖国为人民建立起不朽业绩，为党为民族树起了一个毕生勤奋、爱国爱民、坚持真理、无私无畏的不朽榜样。

## 黄炎培（1878 — 1965）

著名政治活动家、中国职业教育的先驱，新中国德高望重的老一辈国家领导人之一。字任之，号楚南，笔名抱一，出生于川沙镇的“内史第”。1899 年时在松江府以第一名取中秀才。1901 年入南洋公学，选读外文科，受知于中文总教习蔡元培。1902 年后又中江南乡试举人。1903 年返乡兴办小学堂。

川沙办学是黄炎培教育生涯的开始。1904 年亡命归来后，先在上海南市城东女学和丽泽小学任教，后应爱国实业家杨斯盛之聘办广明小学和广明师范讲习所，1905 年与张謇等人组织江苏学务总会（江苏省教育会的初名），任常务调查干事，1906 年得杨斯盛出资银 12 万两在浦东六里桥创办浦东中学和浦东小学。他认为“要救中国，只有到处办学堂”，“教育为救国唯一方法”。中华民国成立后，他在省教育司长任上，拟定了《江苏教育行政五年计划书》，其中

不但规划了各县小学、师范学校、中学、农校、工校的校数和办学地点，而且还涉及到大学、图书馆、博物馆的设立。

作为川沙人，黄炎培心系川沙经济建设，上世纪 20 年代，随着川沙经济的发展，陆上交通已经明显不适应。黄炎培、张志鹤、凌云洲、顾兰洲、陆竹坪、陆莲溪等发起组织上川交通股份有限公司，筹划修建铁路。1925 年 10 月，庆宁寺至龚家路口一段工程竣工通车。沿线设庆宁寺、金家桥、新陆、邵家弄、曹家路、龚家路 6 站，每日乘客达千人，许多在沪的外国人也三五结伴乘火车来浦东郊游。这时，川沙城的居民可坐小轮船到龚家路再换乘火车。之后数年，路段不断延伸，到 1936 年 3 月，又从小营房向南修筑至南汇县的祝桥镇。至此，上川铁路全长达 35.35 公里，它的建成促进了浦东地方经济的发展，也是老川沙人记忆中的闪光点。

1963 年，黄炎培视察川沙毛巾工业后，写信给当时的纺织部副部长荣毅仁，说道："上海川沙是我国毛巾生产的发源地，但到目前还是原始的手工生产方式，要改变这一落后面貌。"纺织部很快拨出了一批自动织机装备川沙各厂，使川沙的毛巾工业设备从木机、铁机时代跨越到自动织机时代。毛巾的品种、质量和产量也有了很大的提高和发展。

黄炎培在一生的活动中，服务和倡导"与时俱进"的理念和精神，并将此理念贯穿到中华职业教育中。

**胡适（1891 — 1962）**

近代著名学者、诗人。原名麇，学名洪骍，字希彊，后改名胡适，字适之。以倡导白话文，领导新文化运动著闻于世。

胡适的先祖是徽商，于清乾隆年间在中市街开设了“胡万和茶庄”，光绪十七年十二月，胡适母子借住川沙“内史第”前进厅东侧厢房，两年后离开。胡适在沪求学时，所需费用均取自“胡万和茶庄”。

## 黄自（1904 — 1938）

作曲家、音乐教育家，字今吾，小字四曲。祖辈于光绪初年从浦东高行镇迁至川沙“内史第”。黄自早年在美国欧柏林学院及耶鲁大学音乐学院学习作曲，1926 年回国，先后在上海沪江大学音乐系、国立音专理论作曲组任教，并兼任音专教务主任，热心音乐教育事业，培养了许多优秀音乐人才。

## 沈树镛（1832 — 1873）

碑帖学家，字韵初，号郑斋，生于川沙城内沈家大院。咸丰九年（1859 年）由优廪中举，官内阁中书，精鉴赏、博学能文，酷嗜秘籍、书画、金石，尤以碑帖为最，有“富甲东南”之誉。著作有《汉石经石丛刻目录》《汉石经室跋尾》等。

## 林钧（1897 — 1944）

又名少白，川沙人。1910年毕业于川沙小学堂，后到南汇县周浦镇布庄当学徒。不久，考入江苏省立第一师范学校，因家境困难，中途辍学。受五四运动影响，产生了强烈的追求真理的热情。1924年考入上海大学社会学系学习，并担任上大附设平民学校教务主任，上大学生会执行委员和上海学生联合会委员等职，同年加入中国共产党。

1925年，五卅运动爆发，林钧当选为上海工商学联合会总务委员，参加领导全市罢工、罢市、罢课斗争，声讨帝国主义罪行等活动。1926年10月起，参加上海工人三次武装起义。其间，由中共上海区委任命为上海特别市市民公会党团书记，为推翻军阀统治，建立人民新生政权开展筹建工作。1927年3月22日，第三次武装起义取得胜利的当天，上海特别市临时市民政府宣告成立，他被公推为市府委员之一，兼任秘书长，主持日常工作。抗战爆发前夕，与八路军驻上海办事处接上党的组织关系，从事情报、策反和军事组织工作，并协助八路军办事处接待和帮助出狱同志接上组织关系。1944年被国民党特务秘密杀害。

1949年8月，中共上海市委追认林钧为革命烈士，作为浦东工厂党组织的创始人，他的爱国情怀将永远受到世人的缅怀和敬仰。

## 杨斯盛（1851 — 1908）

号锦春，川沙人。父母早亡，13 岁去浦西谋生，学做泥水匠，勤奋好学，为人正直。清光绪六年（1880 年），在上海开设了第一家由中国人办的营造厂——杨瑞泰营造厂，成为近代建筑史上的一个创举。清光绪年间，承建外滩江海关北楼，一举成名，时称工界伟人、营造泰斗。任上海水木业公所领袖董事。被赞誉为“近代建筑营造业的一代宗师”。

# 经济文化

# Impressions of Chuansha

时代风云带来全新机遇，川沙古镇正以全新姿态迎接新的挑战。
这里有磁悬浮呼啸而过；这里毗邻国际机场笑迎天下客；
这里有全世界关注的迪士尼……
一座历史文化名镇悄然将这些现代元素一一串起，
天衣无缝地描绘出川沙最美好的蓝图。

上海拥有世界上唯一的一条投入商业运营的
磁悬浮列车，它贯穿川沙，它的成功再次证明了
磁悬浮技术的安全性、经济性、先进性

古镇郊外一片宁静祥和，清新自然的氛围成为当地人最爱的休闲场所。无论在湖边慢跑、打太极拳都非常适宜，这里也是孩子们最喜欢的游玩地点，阳光下尽情奔跑，嬉闹间度过最快乐的时光。

上川铁路川沙站旧址
（浦东新区文物保护单位）

位于王桥街的旱桥是当年十分特别的建筑，桥面行驶小火车，下面行人经过，街两边满是洋房和商铺，形成一条热闹的街市。尽管在环城河外，却十分繁华。

1921 年 1 月，黄炎培等人筹建“上川交通股份有限公司”。1924 年 10 月动工修筑上川铁路。川沙小火车站，南距北城壕路 200 米，西距旱桥“飞虹复道”约 100 米。上川铁路的建成大大地方便了当地居民的出行，为当时浦东经济发展起到积极作用。

“飞虹复道”即川沙北门外旱桥，为 1926 年建上川铁路时建造的，比上海最早的共和新路旱桥还早 30 年。

沈毓庆，川沙人，光绪二十六年（1900年），在城中创办经记毛巾厂，招收女工，并附设漂染工场，后把织机全部分赠职工，使之各自在乡村联合经营，漂染工场则作为公营，从此川沙毛巾成为主要家庭工业。沈毓庆作为近代中国毛巾工业的先驱，也为川沙成为纺织品重镇打下坚实基础。

“川沙滨海，天然之利，不后于人，兼以近邻上海，扼中外交通之冲……天时地利，人工物力，种种优胜，亦既有然。”这是民国《川沙县志·实业志》对川沙的一段描述。主修这部名志的黄炎培等浦东贤达，一直关注并致力于川沙经济的发展。川沙地区的工业占到总产值的70%，五金类、纺织类作为川沙的强项产业远近闻名，建筑营造业更是执沪上之牛耳，独领浦东风骚。

民国时期，川沙的纺织业就非常发达，作为我国毛巾生产的发源地，更是闻名全国。解放后川沙的纺织业重新整合，再创纺织业新的辉煌。

从民国时期到上世纪七八十年代乡镇工业异军突起，川沙毛巾业尤为突出，毛巾十九厂的各色提花毛巾获得了“提花巾大王”之誉。

川沙体育场是川沙县集会、举办体育比赛等重大活动的场所。体育场有 400 米标准跑道，露天篮球场，室外标准游泳池，还有供部队官兵使用的靶场。体育场两面环水，是全封闭场所。

举世瞩目的上海迪士尼乐园无疑是川沙的又一亮点。这座神奇的主题乐园，包含六个主题园区：米奇大街、奇想花园、探险岛、宝藏湾、明日世界、梦幻世界，无论男女老少都能在这里找到快乐的天地。

朱家店抗日之战纪念碑 区级文物保护单位

朱家店抗日之战纪念碑，位于川沙新镇会龙村。1943年9月，新四军浙东纵队司令部决定将浦东的“五支队”番号改为“新四军浙东纵队浦东支队”。1944年8月21日，新四军浙东纵队浦东支队在朱亚民的指挥下，依靠有利地形，伏击日军侵略军于六灶朱家店（川沙新镇会龙村），沉重打击了日本侵略军，川沙儿女抗击日军的英雄气节指引着一代代川沙人奋勇向前。

观澜小学

1903 年春，川沙小学堂（今观澜小学）举行开学典礼，这是教育家黄炎培教育生涯的开端。作为校长，黄炎培只尽义务，不领薪水。他还亲自上讲台，每天讲课 3 小时。在他的努力下，川沙小学办得如火如荼，当时的人们以自己的孩子能入川沙小学为荣。

历史悠久的观澜小学至今仍然保留着当年黄炎培时期建造的玻璃书房，整栋建筑四周均以木质框架配上玻璃构成，采光绝佳，设计者的巧妙构思令人折服。

著名爱国人士沈敬之既是川沙中学的老校长，又是宋庆龄的同学，他一生致力于教育事业，在社会主义革命与社会主义建设中，作出了卓越的贡献。

从川中走出的精英

川沙中学历史悠久，前身为创建于 1942 年的友仁初级中学，发端于文脉深厚的孔庙，植根于人杰地灵的文化古镇川沙，一直是浦东新区乃至整个上海的教育、文化、人才高地，承担着培养人才、传承文化的重任。从“内史第”走出的宋庆龄、黄炎培、沈树镛等文化名人都是学校重要的文化资源。

教工宿舍由两层四合院组成，可容纳 8-10 户教师家庭居住，优越的居住环境是川沙历来重视教育的见证。

浦东国际机场第一航站楼于 1997 年 10 月全面开工，1999 年 9 月建成通航，与北京首都国际机场、香港国际机场并称中国三大国际机场。

昔日抗击海水侵袭、保卫川沙居民安居乐业的海堤现在成了骑行者的天堂。

坐落于川沙的上海市航空服务学校是一所“依托航企、服务社会”的国家级重点中专。学校分为南、北、东三个校区，占地 100 亩，建筑面积 60266 平方米。校内建有全国首家“航空服务开放实训中心”，该中心建筑面积 5800 平方米，内有客舱服务、安检、客票销售、值机服务、化妆、形体训练等实训室，既能保证专业教学的需要，又能满足社会培训和航空公司员工培训的需求。为了配合“大飞机”项目的开展，在政府和中国商飞公司的大力支持下，又建成了中国商飞高技能人才培养实训基地。

川沙文化场所林立，一条新川路上就有着区级的文化馆、少年宫、图书馆、工人文化宫、影剧院及镇文化活动中心。

川沙文化馆除了组织与辅导群众文化活动，还有收集整理和保护民族民间文化遗产，开展社会公共文化服务和对外文化交流等一系列职能。自上世纪 50 年代起，民间舞蹈、浦东说书、群众性故事活动汇集川沙文化馆，很多专业人员多次被评为全国和上海市文化系统先进工作者，荣获众多荣誉称号和奖项。

长达十年的假期
长达十年的假期

少年儿童图书馆
新川路555号

南市街的书场是当年最具人气的地方，因为文艺小分队会在那里学习，包括乐器、舞蹈、杂技等，能被选拔上可是莫大的殊荣。直至今日，重新步入书场，昔日的欢声笑语又重回眼前，令人感慨万千。

川沙少年宫可谓是培养文艺工作者的摇篮，这里几十年如一日，为当地培养了一批又一批艺术人才。作为曲艺之乡，川沙人民对艺术更是有着执着的追求，相信这种热情会感染每一位到访者。

川沙自 1557 年建城以来就有九庙十三桥之说，而就庙宇而言，西市街则最为集中。自西向东有城隍庙、天妃宫、关帝庙、三官堂，分居关帝庙两侧的先神庙、刘猛将殿，还有崇福庵和施相公庙。那时西市街整日香火不绝、人来人往，可谓依庙兴街。

宗教在川沙得到尊重和发展，无论佛教、道教还是基督教、天主教，都相互并存，共同发展。不得不令人赞叹川沙是一个文化包容性极强的地方，川沙人民的开放意识也愿意接受各种外来文化，原因可能就是源于川沙深厚的文化积累，海纳百川般吸收着多元文化。

小普陀寺，又名太史庵，始建于明万历四十八年（1620 年），经过清乾隆二十年（1755 年）、光绪十一年（1885 年）和民国二十年（1931 年）前后三次修葺，因其建筑雄伟，香火旺盛，闻名于海内外，成为川、南、奉地区最大的佛教寺院之一。

七灶天主堂（浦东新区文物保护单位），位于六团纯新村二队。又名七灶耶稣圣心堂、大七灶天主堂，建于清咸丰四年（1854 年），由英国传教士平神甫请川沙东门陶海泉承包建造，历时两年完成。坐北朝南，占地面积 2531 平方米、建筑面积为 1231 平方米。

基督教天恩堂位于上海市浦东新区川沙镇三灶路134号，1932年由美国基督教北长老会筹款建成。基督教在川沙已有百年历史，已故国家名誉主席宋庆龄的外祖父倪蕴山牧师、父亲宋耀如牧师曾在此地做过传道工作。

川沙天主堂（浦东新区文物保护单位），位于中市街42弄15号。又名耶稣圣心堂，始建于清同治十一年（1872年）。建筑极为宏丽，上下两层，壁窗玻璃绘有人物、花卉、文字，均出自上海土山湾工艺学校定烧，苦路十四处，祭坛三座，亦是该校定制，精工细雕，极为华丽。地面悉铺并花瓷砖，为上海地区教堂所独有。

图书在版编目（C I P）数据
印象川沙 / 夏毅主编 . -- 上海：中国中福会出版社，2016.1
ISBN 978-7-5072-2188-6
Ⅰ . ①印… Ⅱ . ①夏… Ⅲ . ①艺术 - 作品综合集 - 中国 - 现代 Ⅳ . ① J121
中国版本图书馆 CIP 数据核字 (2016) 第 015393 号

**声明**

由于本书所用图片涉及范围广，无法与部分图片的所有者取得联系，请相关图片所有者看到图书后与我们联系，以便敬付稿酬。
E-mail: yxcs2015@sina.com

**印象川沙**

| | |
|---|---|
| **主　编** | 夏　毅 |
| **顾　问** | 陆　雄 |
| **副主编** | 肖　静　张忠平 |
| **编　委** | 陈建明　邱亚琪　陶　鼎　周坚强 |
| **责任编辑** | 郑晓方 |
| **助理编辑** | 金屹静　顾晨芸 |
| **装帧设计** | 应今隆 |
| **插　图** | 孙建忠 |
| **鸣　谢** | 顾　昔　朱龙根　瞿祖庆　管　军<br>沈志明　周　琤　傅建良　陆云昌<br>蔡正言　施　萍　徐小毛　辛　辰 |

| | |
|---|---|
| **出版发行** | 中国中福会出版社 |
| **社　址** | 上海市常熟路 157 号 |
| **邮政编码** | 200031 |
| **电　话** | 021-64373790 |

| | |
|---|---|
| **经　销** | 全国新华书店 |
| **印　刷** | 上海宝联电脑印刷有限公司 |
| **开　本** | 787mm × 1092mm　1/16 |
| **印　张** | 7.5 |
| **字　数** | 20 千字 |
| **版　次** | 2016 年 1 月 第一版 |
| **印　次** | 2016 年 1 月 第一次印刷 |
| **书　号** | ISBN 978-7-5072-2188-6 / J · 30 |
| **定　价** | 80.00 元 |